AF421567

El regreso de los imperios
Diálogos con Armando de Armas

ARMANDO DE ARMAS
ÁNGEL VELÁZQUEZ CALLEJAS

Sobre el regreso

Nietzsche escribe en *Ecce Homo*:

«Después de esto estuve enfermo en Génova algunas semanas. Siguió luego una melancólica primavera en Roma, donde di mi aceptación a la vida; no fue fácil. En el fondo me disgustaba sobremanera aquel lugar, el más indecoroso de la Tierra para el poeta creador del Zaratustra, y que yo no había escogido voluntariamente; intenté evadirme, quise ir a Águila, ciudad antítesis de Roma, fundada por hostilidad contra Roma, como yo fundaré algún día un lugar, ciudad recuerdo de un ateo y enemigo de la Iglesia *comme il faut*, de uno de los seres más afines a mí, el gran emperador de la dinastía de Hohenstaufen, Federico II».

Quienes reparen en estas palabras, profundicen en el contenido y contexto de las mismas, serán estremecidos por el valor de las ideas sacras jamás dichas antes y después. Para Nietzsche, ¿quién era Federico II de la dinastía de los Hohenstaufen? Lo cierto que, desde entonces y desde aquel lugar, Nietzsche comenzó a percibir con ojosde águila los contornos protoescénicos de la decadencia de Occidente.

En 1919, después de la Primera Guerra Mundial, el poeta francés Paul Valéry escribió en *Crisis del Espíritu*:

«Nosotros, las civilizaciones posteriores… también sabemos que somos mortales».

Solo en una catástrofe así, y como un golpe de estado posterior, sabemos que no somos más que seres frágiles.

Cien años después, un murciélago de China, si es que el coronavirus proviene de los murciélagos, ha llevado a todo el planeta a otra crisis. Si Valéry estuviera vivo, no se le permitiría salir de su casa en Francia.

La crisis del espíritu en 1919 fue precedida por el nihilismo, la decadencia, que atormentó a Europa antes de 1914. Como Valéry escribió sobre la escena intelectual antes de la guerra: «Veo… ¡nada! Nada… y, sin embargo, una nada infinitamente potencial».

¿Qué tiene en mente Armando de Armas cuando habla de *renacimiento* y del nuevo espíritu de la época? Estamos en el núcleo duro del libro *Los Naipes en el espejo*. Al pensamiento democrático contemporáneo le es difícil entender esta idea.

La observación de que «la Política en Occidente podría haber arribado a un punto disyuntivo en que o regresa, espiritualmente hablando, desde la presente Postmodernidad hacia el Renacimiento o dejaría de ser Política; y, en consecuencia, Occidente dejaría de ser Occidente; al menos Occidente tal y cual le hemos conocido por los dos últimos milenios.» es tan problemática como sugerente. Con esta problematización del regreso o vuelta a una antigua época entramos a considerar un nivel de abstracción del pensar que despacha cualquier periodismo corriente y abre el espacio para pensadores agudos. La palabra *renacimiento* así lo indica, como el regreso a lo espiritual.

¿Por qué sería de vida o muerte regresar a una antigua época; qué ha pasado con Occidente que la política ha provocado un cambio de espíritu? El hecho está en que la democracia contemporánea ha fracasado. El concepto político de *res publica* (ciudadanía), sociedad civil romana de democracia, ha involucionado. Hay que regresar. De Armas es claro. Cito *in extenso*:

«Conforme el Renacimiento significó, en la medida de lo posible, una vuelta desde la Edad Media, entendida como la última gran época de la humanidad, hacia la Antigüedad Clásica, entendida como la primera gran época de la humanidad, podríamos asimismo estar ahora abocados a un espacio-tiempo bisagra en que, en la medida de lo posible, regresaríamos al Renacimiento, no ya desde una gran época sino desde la más chata, por decir lo menos, de todas las épocas padecidas por el hombre, lo que vendría a dar un sentido de urgencia a ese regreso: regresamos o desaparecemos, no como hombres, pero sí como hombre occidental; ese cuya divisa primera sería la libertad, el devenir del individuo.»

Aunque no estoy de acuerdo con la idea del *renacimiento* en el sentido político del regreso (las cosas están ahí ocultas, funcionando en una dinámica esotérica, invisible), la tesis de Armas es plausible y manda como imperio. Para la política, la realidad parece no tener otra fórmula que replantear el *regreso*. Las observaciones puntuales, hechas en el mismo epicentro del lugar donde sucedieron los acontecimientos antiguos, por citar a dos renacentistas contemporáneos, parecen inobjetables, sugestivas y contienen las mejores dotes del pensamiento político actual. Julius Evola (nietzscheano oculto) avizora la decadencia política de occidente en dos lujosos ensayos *Rebelión contra el mundo moderno* (1934) y *Hombres entre las ruinas* (1953) y un referente reciente, el espíritu del *Segundo Renacimiento* en la voz de Armando Verdiglione. En un alegato de apenas unos meses publicados, *L'operazione guru*, el autor de la *cifremática* expone con lujo de detalles cuales fueron las razones del peligro de la dominación actual a partir de homogeneidad cultural (o condición de igualdad).

En verdad, el ensayo de Armas provoca una distinción existencial, una forma de vida análoga a la *condición de igualdad*. No se trata del renacimiento que se describe en la historia del arte, sino del renacimiento en su concepto de *allokronía*: la antigüedad clásica no requiere ninguna reproducción representada por acción de épocas posteriores, ya que ella regresa perennemente por su propia voluntad e instinto. Aun cuando señala el problema de la época actual, de Armas se considera un hombre del renacimiento en tanto vive dentro de una época que sabe que no es su época.

El renacimiento no es una huida hacia atrás, sino, como lo evoca Evola en un libro personal, *Cabalgar el tigre*, una forma de vida que, dentro de un modelo homogéneo cultural, cuyo precepto ideológico afecta a todos exponiéndolos ante la fragilidad de existir, tiene que ser sorteado necesariamente. La política del renacimiento no imita modelos antiguos, formas clásicas de imperios y monarquías sino recupera antiguas formas de vida donde la cultura de los individuos y las democracias fueron azuzadas por la ascética del arte y del *fitness*.

La crítica que realiza de Armas a la modernidad actual, cuando expresa que «el Espíritu de la Época es, como saben los que lo han padecido o se le han opuesto, socialista y paternal, sensiblero y mecanicista, inductor e impositivo, seductor e implacable, solidario y suicida, rechaza el azar y apuesta por la planificación; prefiere la repartición de la riqueza a su creación, hablar de los derechos humanos a hablar de los derechos del individuo, la sumisión a la guerra, la moderación a la libertad, los hombres flojos y las mujeres fuertes», valoriza con urgencia la detención de la época cultural de la condición de igualdad, no importa si está personificada como prontitud espantosa o como un resignado viaje por un mundo feliz, o bien desde el punto de mira de la política del totalitarismo, como una juiciosa asociación de esos mundos.

Cuando de Armas da un salto hacia atrás y evoca la *Reforma Protestante* no la toma en un sentido humanistas como fue representada en los programas progresistas de ilustrados filósofos y pedagogos, sino como una degradación, del cuidado de si contra la dogmática cultural del cristianismo. A mi modo de ver, lo que ocupa a de Armas con estos diálogos está directamente relacionado con la propuesta de provocar una cisura esencial contra el sistema de las medias tintas. La expresión *espíritu de la época* no significaría otra cosa que un código cerrado y hermético que apunta a un determinado arrendo de molde metafísico delimitado en termino *cifrematico*. En una de sus obras narrativas insignes, *Caballeros en el tiempo*, el autor se desahoga contra todo el arrebato que pretende desarmar las columnas sesgadas de una tradición del espíritu de igualdad, a partir de sus experiencias.

A partir de aquí se produce una expansión sin límite del espacio y, con Spengler, se llega a la conclusión de que la cultura occidental, la cultura del ego, es la cultura fáustica, decadente, problemática. Todas las crisis que sobrevienen a la Cultura Occidental están prefiguradas en la morfología de esta Cultura. El espacio habitable (imperio, monarquía, nación) es alterado por la presencia de la infinitud.

Puede que tengamos autoridad cívica, personalidad regia, autoridad religiosa, autoridad como escritores, autoridad de seducción y todas las autoridades que emanan de la *libido* del poder. Pero no tenemos 'autoridad de verdad' en sí mismo, porque nos falta la autoridad espiritual. No la autoridad de un Buda que lucha contra el sufrimiento y la autoridad de un Cristo que batalla a favor de la compasión. Nos falta, en cambio, la suprema unicidad del tiempo y el espíritu encarnada en la autoridad del emperador, sus anteriores atletas y dioses. El instinto individual y la libertad encarnado en la autoridad. ¿Sabemos algo de la autoridad espiritual del sacro imperio germano y sus emperadores?

La respuesta de por qué el «pacifismo se nos vende como una gran panacea», según *Los naipes…*, (todo el poder se sostiene en la fuerza, pero ante en la cultura y ante en el espíritu; toda gran cultura surgió al amparo de las armas y desapareció al extinguirse la voluntad y el valor de usarla; no separar cultura y política'; y retorno al espíritu de la cultura imperial,) se debe a que su identidad constituye, por así decirlo, tema cuya necesidad de exposición alberga, intrínsecamente, un enfoque y método basado en el «des amor a la sacralidad».

La idea de lo «sacro» representa, sin lugar a duda, una parte decisiva en la cosmovisión del pensamiento de Armando de Armas. Por eso, los argumentos de las respuestas no se deberían considerarse en correspondencia con la epistemología del idealismo y el materialismo de la modernidad. Habría que viajar épocas anteriores a los sucesos de Revolución francesa para encontrar en el «espíritu del Imperio» una suerte de «alma mundo» en virtud de la sacralización de la inmunidad cultural.

Los *imperios*, en ese sentido, revelan regiones culturales evocadoras de poéticas acerca del dominio territorial sobre la «inmensidad» en la larga duración de la historia. De ser así, tal y como entendemos las descripciones de Armas, la «cubana» no sería sino fragmento ante la «gran cultura» si la miramos en el contexto de la longevidad del Imperio Español y del Imperio Romano.

En el aspecto inmunológico de la cultura, los ejércitos de caballerías, cuya función jurídica y militar tenía que defender la vida del imperio sacro, ya no contaba con el apoyo de los hombres del siglo XIX. De aquí surge luego, mucho antes de que surgiera Hitler la idea del Tercer Reich, en virtud de la defensa de una región sociocultural europea.

Partiendo de este trasfondo cuyo diagnóstico revela la hechura para un debate que se avecina en el futuro, hemos decidido preguntar a de Armas, a partir de un dialogo amistoso, cuál es su opinión sobre la factibilidad del regreso de los imperios en los tiempos que corren.

ÁNGEL VELÁZQUEZ CALLEJAS

AVC: ¿Por qué la historia es cíclica, si sentimos la tendencia progresiva de siempre ir hacia adelante?

ADA: Creo que esa tendencia de ir siempre hacia adelante es una sensación engañosa como tantas otras –como creer que la luna emite luz o que el horizonte es alcanzable–. En el caso que nos ocupa compulsada además por los medios de propaganda del progresismo con su visión pedestre acerca de que el devenir de la historia es una línea recta y, en el colmo del optimismo, ascendente, movimiento rectilíneo y uniforme de la física llevado a la sociedad. Todo va y viene. Todo es cíclico en la naturaleza. Mira sino a las estaciones, a las plantas. El hombre no escapa a la condición cíclica porque, aunque es un ser pensante, es como la naturaleza –aun siendo superior a ella– una manifestación del Espíritu, un portal del Espíritu, y este, por razones que escapan a mi pobre entendimiento, se expresa en ciclos, en ciclos montados en espirales, de suerte que siempre regresamos a estadios anteriores pero un punto arriba, así los ciclos históricos a los que siempre volvemos son los mismos y no lo son, serían los mismos en esencia pero diferenciados en la forma y el grado.

Ojo, en la historia también hay cataclismos y a veces la espiral nos puede llevar no un punto arriba sino cien abajo, que nada está asegurado, sobre todo en dependencia, creo, de la manera en que los hombres –y acá entraría el limitado libre albedrío– enfrentemos unos cambios, unos ciclos que son ineluctables.

Por eso más vale a los pueblos oír a los profetas, a los que han visto venir un nuevo ciclo de la historia, para estar alertas y actuar en consecuencia. No es lo mismo que un ciclón de coja al descampado de una autopista en Miami que refugiado en un Varaentierra en Vertientes. En ambos casos te pasará un ciclón por arriba pero en el segundo tienes más chance de sobrevivir. ¡Fíjate qué curioso, aunque la autopista sea un símbolo de la postmodernidad estadounidense y el Varaentierra de lo cavernario insular!

Ese moverse en ciclos lo podemos ver dentro de un mismo ciclo histórico, ciclos dentro de ciclos, ciclos menores dentro del ciclo mayor. Por ejemplo, en el ciclo mayor que inicia la Revolución francesa y que aún padecemos, lo podemos apreciar a la perfección. La revuelta popular y la Asamblea Nacional (1789-1791) que descabeza la monarquía, vuelta a la monarquía ahora constitucional o Asamblea Legislativa (1791-1792), regreso a la República o Convención (1792-1795), nuevo regreso a lo conservador con el Directorio (1795-1799). Después adviene el golpe de Estado del 18 de Brumario por parte de Napoleón Bonaparte, golpe que lo convierte en Premier Cónsul de la República el 11 de noviembre de 1799, hasta su proclamación como emperador de los franceses el 18 de mayo de1804, siendo coronado el 2 de diciembre y proclamado además rey de Italia, el 18 de marzo de 1805, con lo que de hecho da el tiro de gracia a la *escabechina* revolucionaria y restaura el modo monárquico e impone el imperio; la idea imperial. Pero tras la caída de Napoleón en1814, los aliados restauran a la Casa de Borbónen el trono francés. El periodo que sobrevino se llamó la Restauración propiamente, caracterizada por una rigurosa reacción y el restablecimiento de la Iglesia católicacomo poder político en Francia, a partir de la cual en vaivenes más o menos monárquicos arribamos a la Segunda República, proclamada el 26 de febrero de 1848, en la Place de la Bastille.

Ahora estamos abocados a un cambio de ciclo mayor, como en 1789, claro, este cambio inició hace décadas, en 1989, con la caída del Muro de Berlín y el comunismo en Europa del Este, doscientos años después de la Revolución francesa. Los cambios epocales no son de un día para otro, y sobre todo, no son exactamente cronológicos, recuerda que el milimétrico medir del tiempo es asunto de los hombres no de los dioses. El siglo xx no comenzaría en 1901, comenzaría en 1914 con la Primera Guerra Mundial. El siglo xxi no comenzaría en 2001, comenzaría en 1989. Un siglo corto el siglo xx, corto y cortante, cepillante, terrorífico, signado por la niebla de la metralla sobre los cielos del mundo, por los montones de cadáveres sobre los suelos del mundo, por las cárceles y los campos de concentración en todas partes. ¡¿Me van a contar de desarrollo progresista!? ¡Contar pueden pero no me lo creo excepto que fuese tonto o truhán, o ambas cosas! El siglo xix –aunque en él se cuece el caldo de plomo que nos lloverá del cielo en el xx– es mucho mejor que el xx y lo es entre otras cosas porque en el mismo perviven aún restos del *Ancien Régime.*

El hombre de la modernidad progresista esta compulsado, vía una propaganda invasiva, a moverse siempre hacia adelante sin saber muy bien para qué o por qué, lo importante es moverse, la quietud como pecado capital, en cierto sentido ese hombre es como una gallina que corre del amanecer al anochecer tras un gallo áureo ilusorio, un gallo cada vez más lejano, cada vez más inaccesible, moviendo constantemente la cabeza de un lado a otro, picando lo que puede mientras avanza aceleradamente hacia ninguna parte, hacia la nada. Un hombre dominado por el deseo. Deseo del hartazgo que no realiza porque está a dieta. Deseo de sexo que no realiza o realiza en internet porque cada día es más difícil relacionarse con el otro y le pueden demandar por acoso si es un ser solvente; el galanteo como acoso. En fin un hombre vacío, proyectado hacia al exterior, hacia el evasivo y evanescente horizonte, sin tiempo para reflexionar, crear, o simplemente disfrutar de la vida, el arte o la misma naturaleza. Un hombre en suma desinformado por sobre dosis de información otorgada por unos orientadores repentistas, positivistas, que se hacen llamar periodistas, o ya ni eso, sino comunicadores sociales. Un hombre desconectado del ser pero conectado a la realidad virtual de la red y los noticiarios que le arman lo mismo una manera de alargarse el pene, una muñeca transexual robótica, una guerra que una pandemia.

El hombre sin pasado y sin presente, discapacitado psíquico, disparado al futuro como un disparate.

Así, muy a propósito, el proscrito escritor estadounidense Francis Parker Yockey (¿un escritor estadounidense proscrito?, pues sí, no uno sino muchos, en cierta medida todos esos retardatarios que osen oponerse o tan siquiera cuestionar la religión progresista) apunta en su libro *Imperium*: Quien quiera que alardee de ser "moderno" debe recordar que se hubiera sentido exactamente igual de moderno en la Europa de Carlos V, y que está predestinado a convertirse en tan "anticuado" a los hombres del año 2050 como los de 1850 lo son para él. Según Parker Yockey el progresismo parece ser una necesidad orgánica del racionalismo, necesidad de sentir que "las cosas van mejorando cada vez más". Así, el progreso presuntamente fue un continuo avance moral de la humanidad, un movimiento hacia una mayor y mejor civilización. La ideología del progreso sempiterno fue formulada con leves diferencias por cada materialista, pero nunca se permitió discutir la realidad del progreso, o progresamos o perecemos; parecían proclamar. Dudarlo conllevaba a ser tildado de pesimista, en el mejor de los casos, o de reaccionario en el peor. De suerte que se le imponía a la ya doliente humanidad el dolor de un ideal, el ideal del progreso perenne que era por demás, necesariamente inalcanzable, pues de poderse alcanzar, el ponderado progreso se detendría y eso, por supuesto, era impensable. Dudar de Dios está bien. Dudar del Progreso, de Pegaso como símbolo del Progreso, uf, no, mejor no, porque huele a peligro.

De manera que el hombre moderno, y cada vez más el postmoderno, vive en la tortura total del Progreso que se le impone como a Sísifo el eterno subir de la pesada piedra por la pendiente de la empinada montaña. La felicidad en el horizonte, la felicidad en el futuro que no llega; como en el comunismo. El progresismo como dogma, como cruel engaña bobos. ¿Cuántos poetas descartados o disminuidos por su falta de optimismo? ¿Cuántos petardos encumbrados por su fe ciega en el progreso de los pueblos?

AVC: El «nuevo orden mundial» anunciado por Biden, ¿es consecuencia del nuevo ciclo fáustico de la historia que vive hoy occidente, y que tú señalas en otros textos y espacios? ¿Cuáles son las bases históricas para que se produzca el retorno de una época ya pasada?

ADA: A ver, en su intervención en el encuentro trimestral de directores ejecutivos de la Mesa Redonda de Negocios, en la Casa Blanca, en la que participaron los jefes de General Motors, Apple y Amazon, Biden concluyó diciendo: "Ahora es un momento en el que las cosas están cambiando. Vamos a… va a haber un nuevo orden mundial, y tenemos que liderarlo. Y tenemos que unir al resto del mundo libre para hacerlo". ¡Es que más claro no puede ser! Siempre anuncian lo que van a hacer, lo que pasa es que los bobos, la inmensa mayoría, no les cree, y luego viene el órgano de propaganda al que llaman prensa a matizar el asunto, a decir se mal interpretó, no fue eso lo que dijo, o lo dijo en un sentido figurado, imagen inocente que los paranoicos, conspiranoicos y deplorables toman en sentido literal, literalistas letales.

En el caso de Biden no es la primera vez que anuncia al descaro un delito, mega delito, de lesa democracia pues días antes de las elecciones de Estados Unidos del 2020 se le ve en un video diciendo "creo que hemos montado la organización de fraude electoral más extensa y completa de la historia de la política estadounidense", caramba, qué casualidad, justo lo que pasó después, pero el órgano de propaganda priápica enseguida se ocupó de interpretar las palabras bideanas describiendo el robo electoral contra Donald Trump de la manera correcta, aceptable para el público… Fue un infeliz desliz se apuraron los voceros en pose periodística: "Biden estaba describiendo el programa de protección a los votantes que su campaña había lanzado en anticipación a posibles disputas legales sobre el resultado de las elecciones del 3 de noviembre", que por supuesto Trump, el malo, el deplorable, se robaría, pero se la robaron ellos, los buenos, los loables. Es que es para morirse de la risa si no fuera tan trágico.

Ellos conspiran constantemente, pero si uno denuncia que ellos conspiran, el conspiranoico es uno. Y, colmo de los colmos, te acusan hasta de comunista cuando los comunistas o cercanos a los comunistas son ellos, ya sabes, los usureros que mandan y que metieron a EE.UU. en la Segunda Guerra Mundial no para defender la libertad y los derechos humanos, como descaradamente dicen, sino para regalarle media Europa a los comunistas rusos. Por cierto, ellos son los mismos que ahora llaman comunista a Putin y lo comparan con Hitler, que como se sabrá era alemán y acérrimo enemigo de los rojos al punto de ser el único que se atrevió a atacar el territorio de la URSS, y no con Stalin, que como se sabrá era ruso y comunista de cepa, vaya, que más retorcida y rocambolesca no puede ser la comparación.

El dictador Fidel Castro no engañó a nadie o engañó a los de siempre –a los que les gusta ser engañados o a los débiles mentales– que después se inventaron la pueril teoría, que argumentan aún con pasmosa seriedad, de la revolución traicionada, pues todo lo que decía, escribía y hacía el hijo de Birán –incluyendo el famoso y fraudulento alegato de *La historia me absolverá*, plagiado del ya mencionado Adolfo– era lo que diría, escribiría y haría un futuro dictador comunista, aunque no mencionara la palabra comunismo o inclusive negará enfáticamente serlo. Hugo Chávez otro tanto, ¡y mira que algunos cubanos advertimos a los venezolanos de la veta roja del coronel!, y, ¿sabes qué te contestaban?, ¿qué me contestaron específicamente a mí?: ¡Ustedes los cubanos ven comunistas hasta en la sopa!

No en la sopa pero en el poder de Venezuela llevan ya cerca de 30 años.

¿Sabes por qué siempre anuncian, más o menos veladamente, más o menos descaradamente, lo que después harán? Porque acorde con las creencias luciferinas que los dominan ellos están persuadidos de que no pagarán la culpa de sus tropelías si antes las anuncian. Algo así como: ¡yo te advertí que te violaría, que te sodomizaría, que te pegaría!, ¡pues anda que la culpa es tuya que lo sabías y lo permitiste! Así han actuado siempre los comunistas y sus creadores, los globalistas. Ese común denominador en el proceder, entre muchos otros, me ha persuadido de que comunismo y capitalismo son las dos alas de un mismo pajarraco, alas que se despliegan por el mundo como el nuevo ciclo, régimen, que se impone a partir de 1789; la banca democrático-demoniaca en sustitución de la monarquía.

No es la primera vez que se anuncia un Nuevo Orden Mundial. Por ejemplo, el presidente George Bush dijo en su discurso de 1991 para justificar la Guerra del Golfo o Guerra de Kuwait: "Lo que está en juego es más que un pequeño país, es una gran idea: Un nuevo orden mundial donde diversas naciones se unan en causa común para lograr las aspiraciones universales de la humanidad: paz y seguridad, libertad y el imperio del derecho".

Curiosamente en el culmen de la comprobación de que acá no hay casualidad, resulta que Henry Kissinger, esa eminencia gris de origen judeo-alemán nacida en 1923 –quien fuera ex secretario de Estado durante las presidencias de Nixon y Ford, y consejero de Seguridad Nacional durante todo el mandato inicial del primero– declaró en una rara entrevista con *The Financial Times*, en julio de 2018, que los occidentales estamos peligrosamente al final de una era de la mano de Trump –Trump como encarnación de algo, un movimiento más profundo y espiritual, digo yo–. La diferencia entre la visión del genial Kissinger y la de este humilde escriba es que él ve el final de esa era casi como fin del mundo y yo la veo como final de un mundo y comienzo de otro que pudiera ser mucho mejor que el que ahora termina. Curiosamente también Kissinger ha calificado a Trump como un fenómeno sin precedentes no comprendido aún. Las declaraciones de Kissinger adquieren mayor importancia al considerar que el hombre fue un pilar del pensamiento geopolítico y estratégico –durante buena parte del siglo xx– de ese periodo histórico que ahora vemos desaparecer ante nuestros ojos.

Como he escrito hace años en estudios al respecto, los cambios epocales son precedidos de grandes cataclismos, de guerras, pandemias, locura colectiva, degradación extrema, corrupción total de la élite gobernante, desasosiego, miedo, sectas apocalípticas, falta de comunicación, desenfreno sexual, falta de sentido, fealdad, estética decadente, locura colectiva, encumbramiento de los más ineptos, etc., es el punto en que el Espíritu anda suelto o en que Dios anda por el mundo, como se decía antes, el punto en que el mundo no tiene otra opción que regenerarse o desaparecer y puesto que el Espíritu no telera el vacío, pues lo regenera.

Recuerdo haber escrito algo que a algunos vino a resultar chocante y hasta criminal –lo típico de culpar al mensajero y exculpar al mensaje– en el sentido de que Trump sería el jugador que ha comenzado lenta y levemente a virar la mesa de Póker, la del juego democrático y globalista, y que todos los que hemos estado alertas acerca de que se nos ha hecho trampa, de que jugábamos aún a sabiendas de que las cartas estaban marcadas de antemano –de ahí el título de mi libro Los naipes en el espejo– y no actuábamos por cortesía, por cobardía, por las conveniencias o por el qué dirán, porque oponerse al *Espíritu Epocal* es ciertamente riesgoso y servirle altamente remunerativo, terminaremos en algún momento, de hecho lo hacemos ya, por contribuir a virar la mesa de juego, pero que además en el futuro vendrá otro jugador de riesgo, tras Trump, que junto a todos nosotros los hombres diferenciados, dará el vuelco total, cabal, terrible si se quiere, a esa mesa del Póker democrático o, mejor, social-democrático-bancario-liberal-comunista.

A ver, al observador atento queda claro que el mundo está retornando ante nuestros ojos hacia etapas de autoritarismo que el pensamiento progresista creía, o hacía creer, que eran etapas superadas. Hacia dónde exactamente estaría retornando ya es más difícil decirlo, pero al menos podemos aventurar que es hacia el autoritarismo, hacia una superación de la democracia, ahora mismo lo que se está disputando no es si vamos hacia el autoritarismo sino más bien hacia qué tipo de autoritarismo vamos, por un lado están los globalistas, que son en definitiva parte del sistema que se impone en el mundo tras la Revolución francesa, los oficialistas en definitiva, ellos apuestan por un tipo de autoritarismo que vendría a suplantar la democracia que ellos mismos crearon –ya sabes el poder de los grandes bancos detrás de los partidos, el parlamentarismo y la prensa en sustitución de las antiguas monarquías– con la vieja ilusión acerca de que el pueblo puede elegir a sus gobernantes y que el individuo es libre e igual ante la ley, eso, esa ilusión, peregrina y pueril donde las haya, se ha desvanecido ante nuestros asombrados ojos cual celajes de verano por la repentina aparición del sol.

Ver sino la gran prensa estadounidense funcionando sin tapujos como el órgano de propaganda –¡órgano sexual violatorio, venéreo!– de un partido, la censura en las llamadas plataformas de redes sociales –¡reses sociatas!– por cuestionar el cambio climático o el covidianismo compulsivo, las medidas represivas estilo policía político-satinaria, la casi obligatoriedad de las vacunas, llegando al colmo de los pasaportes sanitarios y la expulsión de sus puestos de trabajo a los rebeldes que se negaban a meterse el pinchazo –inclusive médicos y enfermeras justamente considerados héroes durante la crisis en punta de la presunta pandemia pasaron después a ser considerados villanos y apartados sin piedad de sus posiciones por negarse a la vacuna–, y el descarado robo de las elecciones de 2020 en EE.UU. con el apoyo de la prensa… por poner unos pocos ejemplos de los más señalados síntomas del desvanecimiento democrático.

Dios ha muerto, dicen que dijo Nietzsche, o dicen que lo dijo Dostoievski. La Democracia ha muerto, digo yo.

La ilusión democrática ha muerto pues ellos –los usureros internacionalistas que han mandado en el mundo por los dos últimos siglos al menos– se empeñan en imponer su modus operandi ya sin careta, sin subterfugios, la careta del coronavirus como advertencia de que la careta democrática ha caído, una suerte de autoritarismo tecnocrático-financiero-sanitario, socialismo sanitario, o al menos impuesto por la vía sanitaria, rumbo al 2030 con el Gran Reinicio, o Gran Reseteo, del Foro Económico Mundial de Davos en que se verá a las claras, si triunfan, que capitalismo y comunismo, como he señalado antes, son las dos alas de una misma ave; urraca usurera. Esa urraca usurera terminará probablemente por imponer un trono para una monarquía mesiánica, mesiánica y mundialista, que en algún momento estará comandada por algoritmos, inteligencia artificial.

¿Te asombra? ¿De verdad? Si al presente un gran por ciento de nuestras vidas depende del mandato de los algoritmos y la inteligencia artificial. ¿Prueba a salir de casa sin el celular a ver si puedes? ¿No es ya el teléfono una extensión de nuestra mente y nuestro cuerpo? Si ahora mismo le escribes a tu amada un mensaje por correo electrónico manifestándole el genuino deseo de comprarle una casa, misteriosa e inmediatamente comenzarán a aparecerte en tu Face, o en otras plataformas que uses, anuncios de ventas de casa para matrimonios felices y hasta de supermercados en que venden perdices.

¿La privacidad, la democracia y los derechos humanos? ¡Bien, gracias!

Contra el Gran Reinicio, o Gran Reseteo, el Gran Despertar. Despertar de qué. Despertar del Espíritu. Del Dios que Nietzsche o Dostoievski, o hasta Hegel antes, habían declarado muerto. En verdad el vulgo ha malinterpretado la frase. Ni Nietzsche, ni Dostoievski ni Hegel podían ser tan tarados para declarar la muerte de lo que no puede morir, de la única Realidad, habían declarado eso sí la muerte de una época, de la manera en que un Espíritu se expresa en una época determinada, para así expresarse en otra, dar paso a una nueva época con su propio modus operandi psicológico, su propia moral y sus costumbres, que como ya he dicho, no sería nueva sino una anterior que se recicla, quiere decir, que reitera, repite el ciclo o el círculo, proceso que suele ir acompañado de una nueva religión o manera de religarse, relacionarse con Dios, quiere decir, una vieja religión que se recicla como nueva. Dios permanece, empero hace morir las viejas estructuras físicas de los hombres y sus sociedades cuando estas se han alejado, corrompido al punto de ser inoperantes. No es un asunto de pacatos, de la moral de los pacatos.

Es asunto de pragmatismo pues al alejarse o ser alejado un organismo de la fuente de energía nutricia primordial ello lo lleva al debilitamiento primero y a la muerte después. La imagen mejor que se me ocurre para ilustrar ese proceso es cuando alguien desconecta un ventilador de la corriente, este seguirá girando agónicamente un tiempo, por inercia, pero después se parará, muere inexorablemente. Por supuesto siempre habrá la opción de reconectarlo, probablemente algo así haría Dios con los hombres y sus sociedades. Religión. Reciclar. Repetir. Regresar. ¿Reencarnar? ¡Ay Dios! Dejémoslo ahí que la entrevista va por otra vía.

Luego están los antiglobalistas que se oponen al régimen usurero al uso, los rebeldes o representantes del nuevo régimen, del nuevo espíritu epocal, que repito, tampoco es que sea nuevo sino uno viejo que vuelve y que, por supuesto, al observador obnubilado en el *presentismo*, en el pensamiento progresista, resultará nuevo, un régimen que tampoco sería, por suerte, de democracia, será en última instancia de democracia funcional, alejada años luz de la democracia moderna, de la democracia política, una en que los hombres con capacidad para tomar decisiones, como en las ciudades Estado de la Grecia Antigua, se reúnen para tomar decisiones puntuales acerca de la vida y de la muerte, o menos trascendentes, acerca de dónde o cómo levantar un puente o un edificio público, hombres no sólo con la capacidad para decidir –siempre una minoría en verdad– sino que serán por demás hombres habitantes durante generaciones de un mismo espacio vital, especie de un mismo paisaje, democracia en suma sostenida en la sangre y en la tierra, y en el honor, no en las finanzas internacionales que mueve los hilos tras el parlamentarismo, la partidocracia y la prensa.

Ese autoritarismo antiglobalista, que yo no llamaría autoritarismo sino autoridad, orden, reconocimiento, regreso de la autoridad y el orden ganados en el accionar de los ancestros en el seno nutricio de un pueblo dado, configurante de una cultura, establecido por siglos en un mismo entorno vivo, no ficticio, no financiero, no una nación financiera o política, no un imperio financiero o político, sino nación e imperio verdaderos. Digamos que sería una autoridad y un orden vitales que se oponen y, con buena fortuna, darán muerte al autoritarismo usurero.

La nación que sustituye al nacionalismo. El Imperio que prevalece sobre el imperialismo.

Entonces nosotros tenemos el privilegio –raramente disfrutado por una generación–, de ver, vivir un cambio epocal, y por si ello fuera poco, el privilegio –ciertamente de unos pocos– de ser conscientes de ese cambio. Situación que, por falta de una mejor palabra, definiría como grandiosa; de la Gran Diosa. La mayoría de los hombres no fueron conscientes acerca de que dejaban atrás lo medieval y se adentraban en lo moderno –por no decir que era imposible que hablarán en términos de era medieval y era moderna pues esas son denominaciones posteriores, como ahora tampoco podemos saber cómo se denominará la era que emerge al presente aunque sepamos, claro, que la que dejamos atrás se nombra modernidad–, así lo crucial acá sería que al menos algunos de nosotros estamos conscientes de que nos movemos, que entramos ya en otro tiempo no importa el nombre que después le den los cronistas del futuro.

Pero si lo anterior no fuese suficiente para mostrar que no nos movemos en el sentido del avance rectilíneo y uniforme, paso sempiterno al frente de los festivos positivistas, están ahí ante el observador alerta los cambios de época que nos precedieron y en los que no se aprecia para nada ese progresismo. Veremos así que el fin del Imperio romano no nos precipita un paso adelante sino mil atrás, nos precipita en la Edad Media o Edad Oscura, como a los mismos progresistas en su incongruencia les gusta nombrarla, de suerte que el hombre de finales del Imperio romano está más cerca de nosotros, de la modernidad en términos materiales, morales y espirituales, que el hombre medieval que le sucede y más cerca también de nosotros que del hombre de la Edad Antigua que acaba de dejar atrás. Según Spengler nosotros y el hombre del fin de la Roma imperial pertenecemos al periodo de la Civilización mientras que el hombre medieval y el hombre antiguo pertenecen al periodo de la Cultura. La Civilización adviene con el alejamiento del Espíritu y la consecuente decadencia. La Cultura adviene con el desarrollo de un pueblo apegado al Espíritu en un paisaje por mil años al menos.

El hombre cercano a la llamada caída de Roma era, como nosotros, altamente civilizado y uno esperaría –esperarían los del optimismo ontológico en trance– que hubiese ido sin más hacia estadios de una mayor civilización pero no, nada de eso, fue hacia estadios francamente barbáricos.

Por supuesto, eso de barbárico es como casi todo, matizable, y uso la fraseología que a los ideólogos del progreso les gusta emplear, así, como ya escribiera anteriormente en mi libro *Realismo metafísico*: un texto mistérico acerca de la creación literaria –Premio Ensayo Ego de Kaska 2020, publicado ese año por Ediciones Exodus, tendríamos que considerar que por los últimos ocho mil años al menos toda gran cultura surgió al amparo de las armas y desapareció al extinguirse el espíritu, la voluntad y el valor de usarlas. Decía en ese ensayo que Roma no cayó un día mediante una definitiva acción heroica sino que fue siendo paulatinamente ocupada por hordas de bárbaros hambrientos. Cayó o empezó a caer cuando abandonó o secularizó a sus dioses, cuando se plantó no como la espada del mundo sino como el lupanar del mundo, cuando su juventud se afeminó y relajó sus costumbres para moverse a sus anchas en el vicio y la molicie, cuando dejó de integrar las legendarias legiones que imponían orden en el caos de su tiempo, y puesto que el espíritu no tolera el vacío, estas legiones empezaron entonces a ser integradas por los bárbaros que arribaban, valor mediante, hasta sus más altas instancias de mando; gente que por norma no amaba a Roma sino que a lo máximo la asumía como una gran teta alimentaria.

Por cierto, las hordas de bárbaros hambrientas que acampaban a las afueras y en las calles de la ciudad, ya sin ser molestadas, venían a por la comida porque en Roma la había y en abundancia. Luego los romanos de ese tiempo tenían hartura material y miseria espiritual, por eso sucumbieron, en tanto los bárbaros tenían miseria material y hartura espiritual; esa fortaleza espiritual los llevó así a regir sobre Roma y adueñarse del Imperio y sus inconmensurables riquezas materiales. Lo que constituye la unidad que converge en un cuerpo, lo mismo en el cuerpo de una persona, de una nación o un imperio, es el alma, el espíritu enclavado en el alma, un principio superior, que tiene el principio y el fin en sí mismo y que por tanto no vive para las necesidades del cuerpo, sino que tiene al cuerpo para cumplir con sus necesidades en el plano material. Así, según Aristóteles, el alma no es producida por el cuerpo, sino al revés, en el sentido de que el alma es el fin último y representa el profundo principio organizador del cuerpo mismo.

Y ya que hablamos del alma, de la reconexión con lo divino, quizá la Edad Media, contrariamente al pensar racionalista, no sería la Edad Oscura que pretenden sino la última gran era de la Humanidad, como apuntó Carl Gustav Jung, y lo sería justo por su religiosidad, religamento con la fuente primordial, con la Tradición que emana de la fuente, por su fe en la fuente, por el esfuerzo volitivo de regir los destinos del hombre por los designios de Dios, y estructurar los reinos terrenales como una representación de los reinos celestiales, el monarca que manda no por la voluntad del pueblo sino por la voluntad de Dios, el poder de este mundo como reflejo del poder del otro mundo, en definitiva visión del mundo físico como reflejo del mundo espiritual.

Pero en fin, pedir a la mente de la modernidad una concepción del desarrollo humano que no sea el desarrollo materialista sería pedir peras al olmo.

De modo que el pedestre argumento del progreso *ad infinitum* se cae por su propio peso, se desmonta desde su mismo razonamiento porque de lo contrario, por poner un ejemplo, la Edad Media tendría que ser necesariamente mejor que la Edad Antigua desde el punto de vista del adelanto material que es, por demás y según ellos, el único adelanto.

Luego a mí no me sorprendería que, en el futuro, quizá no lejano, la autoridad del antiglobalismo triunfante llegue a expresarse en algún momento no sólo como democracia funcional sino también, en algunos casos, como monarquía sostenida en la sangre y en la tierra y por la voluntad de Dios. De hecho, las principales casas de la realeza en el mundo no han desparecido a pesar de todo y parecieran aguardar tiempos más propicios.

AVC: ¿Cómo definiría, culturalmente, el Imperio en la época que corre?

ADA: El Imperio en la época presente habría que definirlo culturalmente como contrario al imperialismo, puesto que el imperialismo, como he esbozado más arriba, es un falseamiento del Imperio, una réplica muy mala por cierto, digamos que el imperialismo sería respecto al Imperio lo que son esos chapuceros productos chinos respecto a los productos occidentales, pésimos eso productos chinos, y que no obstante esa obscenidad chapucera han llegado al punto de desaparecer a los productos occidentales; como mismo el imperialismo terminó por desaparecer al Imperio. Habría que decir otro tanto de la patria política que replica y sustituye a la anterior patria del paisaje y de la sangre. La muerte de la patria del paisaje y la sangre permite no solo el surgimiento de la patria política sino la muerte del Imperio y el surgimiento del imperialismo.

Fenómenos geopolíticos que van de la mano para dar paso al mundo moderno.

El mundo moderno es el mundo de los falsearios, de la cultura de los falsarios, de los financieros, y tan falsarios estos financieros que terminan cambiándonos el oro por papel, primero papel con respaldo en oro y después, ay, papel con respaldo en papel, impresores de dinero falso, un mundo de mangantes; mangantes al mando. Ahora mismo por falsificar cien dólares te caerán 20 años de cárcel, pero los bancos falsifican a diario billones y billones de dólares y son bendecidos por sus siervos los gobiernos. Porque, sin lugar a dudas, los gobiernos y el sistema judicial son sólo siervos de esos mangantes no ya en Latinoamérica, como a algunos tontorrones les gusta creer, sino en Europa y EE.UU.

Es una cultura de parásitos que por siglos medró a las sombras, cultura de la copia, de la réplica, de la no creación, por tanto una no cultura, o una cultura de cambalache, de cachivache, pero que con la modernidad salió de las sombras para presentarse como la auténtica cultura, es decir, incultura al mando tras matar al Imperio y a sus componentes, las patrias del paisaje, las naciones en su sacralidad, para sustituirlos por la mega corporación que es el imperialismo y sus componentes, las corporaciones locales que son esas patrias políticas, los estrechos nacionalismos.

El último Imperio real es el español, lo de los ingleses fue imperialismo, como el norteamericano actual que es sólo una prolongación del primero, meros conglomerados financieros internacionales sin alma.

Mira, el resurgimiento del Imperio sería no sólo deseable sino que urge frente a la fragmentación de los nacionalismos y las ideologías, incluyendo la ideología de género, el nacionalismo como contrario al concepto de nación –en la misma medida que imperialismo es lo contrario de Imperio–, frente a la falsificación financiera, de la cultura y de la vida en general, un mundo donde un tío con tetas, que se hace llamar Lia Thomas, gana descaradamente en marzo de 2022 una competencia universitaria de élite estadounidense contra mujeres, organizada por la National Collegiate Athletic Association (NCAA).

El tío Thomas, el de las tetas, representa a la Universidad de Pensilvania, una entre ocho miembros de la Ivy League, un grupo de universidades del noreste de EE.UU. que pertenecen a la NCAA. De suerte que ese disparate pudiese suceder la natación estadounidense –¡la natación estadounidense como reflejo de la nación estadounidense!– actualizó su política en febrero de este año para permitir que los atletas transgénero naden en eventos de élite, junto con criterios que apuntan a reducir, ¡dicen ellos!, cualquier ventaja injusta. En enero, la Ivy League declaró que *Lia y la Universidad de Pensilvania han trabajado con la NCAA para seguir todos los protocolos apropiados para cumplir con la política de la NCAA sobre la participación de atletas transgénero y competir en el equipo femenino de natación y clavados.* Los estatutos de la NCAA permiten así que los atletas transgénero compitan como mujeres si se han sometido a la supresión de testosterona durante un año.

¿De verdad?

¿Dónde pues los derechos de la mujer respecto al patriarcado abusador?

¿Dónde pues las protestas de las feministas enfurecidas?

¡Muy bien, gracias! ¡Siempre que el patriarcado se ponga tetas!

Una especie superior la del patriarcado con tetas.

Frente a todo eso, a esa locura y sinsentido se impone la vuelva a los imperios. Cuando la campana va hacia un extremo no tiene otra opción que volver, una ley física que, no obstante, es espiritual. No olvidemos que en el pasado los imperios vinieron a imponer paz, orden, prosperidad y libertad en vastas regiones del planeta dominadas por la fragmentación, el caos, la desolación, la miseria y la muerte (consecuencia sobre todo de las continuas guerras y rebatiñas entre las múltiples tribus), y que, a punta de espada o de pactos, fueron un decisivo factor civilizador. No olvidemos también que los estados nacionales son una creación artificial del mundo moderno, surgida sólo a mediados del siglo XVII, mediante el tratado de Westfalia, en 1648, tras la Guerra de los Treinta Años, librada en la Europa Central, creación artificial que se viene a consolidar en el siglo XIX, tras la revolución industrial, la revolución americana y la revolución francesa.

Así como apunto en el mencionado libro *Los naipes...* el Estado nacional sería, en cierta medida, fruto a la misma vez del pragmatismo racionalista y del romanticismo revolucionario. Contrariamente a lo que se nos ha dicho, la desintegración del Imperio español, tras la pérdida de incalculables vidas humanas, la devastación y la ruina económica durante las largas y múltiples guerras por la independencia sudamericana, y la instauración de las posteriores republiquitas, que a su vez dieron lugar a otra interminable serie de guerras, revoluciones, caudillos y dictaduras, significó probablemente el más grande desastre humano padecido en este hemisferio y del que, aún hoy, se sufren las secuelas. Desintegración provocada, entre otros factores, por el laboreo de las logias masónicas. La mayoría de los líderes independentistas eran masones y simpatizantes, ¡oh casualidad!, de la pérfida Albión, algunos asalariados o endeudados de Albión, de los banqueros de Albión. No exageramos.

El prolífico escritor, historiador y ensayista venezolano Luis Britto plasma en su libro *El pensamiento del Libertador: Economía y Sociedad*, Colección Venezuela

Bicentenaria. Banco Central de Venezuela, Caracas, 2010, que en noviembre de 1817 Simón Bolívar manda un enviado especial a Londres con la potestad de arreglarse una financiación vía un empréstito. En la carta de acreditación firmada por Bolívar, que cita Britto, se puede leer hasta qué punto de supeditación a la pérfida Albión está dispuesto a llegar para ser financiado:

Y para que proponga, negocie, ajuste, concluya y firme a nombre y bajo la fe de la República de Venezuela cualesquiera pactos, convenios y tratados fundados sobre el principio del reconocimiento, como Estado libre e independiente, y de prestarle apoyo y protección estipulando al efecto cualesquiera condiciones en que convenga para indemnizar a la Gran Bretaña de sus generosos sacrificios…

Según Britto se consolidan así *constitucionalmente las deudas: por efectos de la Ley Fundamental quedan constituidos en garantía todos los bienes del naciente cuerpo político,* concluye y se lamenta de la poca transparencia de una operación de tal envergadura, bueno, con el poder de los bancos hemos topado, ha topado Britto.

Pero no fue sólo asunto de finanzas, existió además la Legión Británica, un grupo de unidades militares formada por voluntarios extranjeros que lucharon al mando de Bolívar y José de Sucre en la Guerra de Independencia de Venezuela, Colombia, Ecuador, Perú y Bolivia.

Según señala el Cultural Center Movimiento Imperial, con datos tomados de las obras *Un irlandés con Bolívar: recuerdos de la independencia de América del Sur en Venezuela, Colombia, Bolivia, Perú y la Argentina, por un jefe de la legión Británica de Bolívar,* de Francis Burdett O'Connor, 1977, y Memorias del General Miller al servicio de la República del Perú, 1829, de John Miller, combatieron en la mencionada legión más de 6 000 hombres.

Los soldados eran principalmente artesanos y campesinos entrenados militarmente, y los suboficiales y oficiales eran veteranos del Ejército inglés o mercenarios de Irlanda y Alemania, quienes habían participado en las Guerras napoleónicas y la Guerra anglo-estadounidense.

Por si las dudas, acá la lista de oficiales de la Legión Británica:

Tenientes

George Casley, George Laval Cherteston y Alexander Brown.

Capitanes

Richard Longfield Vowell, Juan Agustín Lloyd, Peter Campbell y William Minchin.

Mayores

Thomas Manby y Thomas Duckbury.

Comandantes

John Needham, William Peacock, Santiago Stuard, Laurence McGuire, Robert Skenee, Michael Rafter y Robert Piggot.

Coroneles

William Ferguson, James Hamilton, George Elsom, John Mackintosh, George Woodberry, William Anthony Ferms, Belford Hinton Wilson, Gustavus M. Hippisley, Thomas Ideslton Ferriar, Donald Peter Campbell, James Fraser, William Smith, Donald McDonald, Richard Murphy, William Rafter, Hugo Blair Brown, William Middleton Power, Henry Croasdaile Wilson, John Blossett, Joseph Barnes, James Towers English y James Rooke.

Generales

Thomas Eyre, Gregor McGregor, Florencio O'Leary, Arthur Sandes, William Aylmer, Francisco Burdett O'Connor, José Mires, Charles James Minchín y Thomas Charles Wrigth.

Solamente en Perú estos servidores del internacionalismo financiero británico participaron en las batallas de Junín, Corpahuico y Ayacucho, bajo el mando del general William Miller, el coronel Arthur Sandes y el mayor Thomas Duchbury.

Como dato que sugiere una vez más que el independentismo americano fue cosa de las élites iluministas, el general O'Connor apunta en su citado libro: *Cada vez más comprobamos que la resistencia de los indios contra la independencia y su fidelidad a la monarquía hispana era un fenómeno generalizado que atravesaba el continente de Norte a Sur y de Este a Oeste.*

Independentismo instigado, entre otros factores, por el laboreo de las logias masónicas. Logias controladas por los de la cultura del cambalache que a su vez se han hecho con el control de Inglaterra y expanden así el incipiente imperialismo de las finanzas.

Pero al presente pudiéramos estar en un tiempo bisagra, según apunto en *Los naipes…* uno en que el Espíritu de la Época va siendo otro. Así, veremos aquellos modos y sistemas que nos parecían imperecederos, y hasta impecables, derrumbarse como castillos de mantequilla al sol del mediodía, y a las lumbreras dentro de esos modos y sistemas, estrellas del cine y el espectáculo, escritores, intelectuales, empresarios, periodistas, políticos, pontífices, funcionarios, mesías del cambio climático y otras zarandajas, empequeñecerse y desparecer en la misma nada que siempre fueron, porque el numen epocal que los sostenía, hinchaba y sobredimensionaba habrá desaparecido previamente, para dar paso al Espíritu de otra época que traerá consigo otras demandas y desesperos, problemas y parabienes, peligros y poderes, prioridades y expectativas, pecados y privaciones, agonías y abundancias, vicios y virtudes que requerirán de otro tipo de héroe en las esferas del accionar humano, sobre todo en las esferas del arte, las letras, la religión, la política y la guerra; porque guerra habrá, acabando la falsa sensación de seguridad del mundo moderno como un sitio conocido, doméstico o domesticado, desentendido de lo divino, de los misterios de los ciclos existenciales, al que se viene, con buena suerte, a engordar el ego y el trasero, a saciar unos deseos y perversiones, y legislar luego sobre esos deseos y perversiones, donde las libertades y el sustento se dan por hechos, donde la muerte, la enfermedad, la vejez y la miseria se eliminan por decreto; así vemos maratones o meses dedicados a la lucha contra el cáncer, la atrofia muscular, el autismo, el armamentismo, el hambre, la frigidez o la violencia de género; un mundo para andar bellos, saludables, musculosos y calentitos, con todos los orificios satisfechos, y donde el sólo hecho de desconectarnos de Internet nos aterra.

Según la visión tradicionalista que me sostiene el Espíritu preña a la Cultura en un espacio, un tiempo y un pueblo determinados donde la Cultura termina por parir a la Nación. Si hay una metafísica del sexo, obviamente hay una metafísica de las relaciones humanas y de las naciones. La verdad es que si hay una física es porque hay una metafísica. Los órganos sexuales, las naciones y el mundo material son sólo expresiones ulteriores del

Espíritu. Así, quien las tome como la causa y no como el efecto de una realidad superior, está en la misma situación de quien toma la parte por el todo; del ciego que palpa la trompa de un elefante y concluye que el animal no es más que un tubo enorme, flexible y rugoso…

Por supuesto, no todos los pueblos llegan a naciones. Para el filósofo e historiador alemán Oswald Spengler nación es un pueblo en el que se realiza verdaderamente el estilo de una cultura e, idealmente, una cultura tendría la duración de un milenio. Los cubanos por ejemplo tenemos, exagerando un poco, unos 500 años de historia, luego seríamos apenas un pueblo, multitud de pueblos han desaparecido en el remolino de la historia sin llegar a ser nunca una Cultura, ¿quién se acuerda hoy de los pueblos prehelénicos?, ¿quién de los pobres y apocados guanajatabeyes acorralados antes de la llegada de los españoles por esos supremacistas que fueron los siboneyes y taínos?

Bueno, pobres y apocados y todo los guanajatabeyes parece que han dejado huellas al menos desde el 1000 antes de Nuestro Señor Jesucristo…

Como ya apunté en *Realismo metafísico*… cada cultura, y en consecuencia cada nación, no es más que la manifestación de un alma determinada. Digamos así que las formaciones religiosas, científicas, políticas, económicas, artísticas y literarias son la expresión de una cultura epocal, pero debemos ir a la esencia, esa cultura, a su vez, es la expresión de un espíritu que determina sobre todo lo demás, no por gusto lo de genius o espíritu guardián. Por ello en el sincretismo cubano existe el espíritu guardián o, más popularmente, guía espiritual de cada persona. Cada cosa de la realidad está regida por un genius. Por ello los romanos, tan sabios y pragmáticos, contaban con un genius, espíritu o deidad para cada aspecto de la vida, desde la más simple cotidianidad a la más compleja cuestión estatal, nada escapaba a la supervisión divina, el cuerpo, la casa, la cama, las puertas, el parto, la guerra, el sexo, la muerte, la vida, los días de la semana, los meses del año, y acá, con las divinidades rigiendo los días de la semana y los meses del año, caemos nuevamente en lo que nos interesa, en las eras regidas por sus propios espíritus, no sólo los siglos, sino los milenios, mas estas no son medidas cronológicas, pues el contar escrupuloso del tiempo es asunto de los hombres en su descenso, no de los dioses que como sabemos son inmortales y, por tanto, atemporales.

Luego, concretando la respuesta a tu pregunta de cómo definiría, culturalmente, el imperio en la época que corre, lo definiría exactamente como Cultura, como regreso a la Cultura, Cultura preñada por el Espíritu, por supuesto, pues sino no es Cultura, es adefesio, falsificación, imperialismo, así, no existe otra opción, regresamos o desaparecemos como Cultura occidental.

Cultura sacra, Nación sacra e Imperio sacro. Lo sacro sería la única forma real de manifestarse la Cultura, la Nación y el Imperio. Lo demás, ya sabes, sería asunto de usureros; sustitución usurera.

A partir del siglo xix al menos el arte se adentra en una decadencia desesperanzadora, empezando por el arte arquitectónico, observa sino ese adefesio de Eiffel en Paris; adefesio infiel. Por y para infieles. El asunto horripila al punto de que es posible encontrar más arte en un mercado de armas –las armas, sobre todo las armas antiguas, suelen tener decoraciones de alta estética– que en un mercado de arte moderno. ¿Sabes por qué? Por la ausencia absoluta de sacralidad, el arte auténtico es sacro o manifestación de lo sacro. La fealdad ha infiltrado, o la han infiltrado, en todas las esferas de la vida y ello era de esperarse porque si para Platón lo bello está necesariamente ligado a la verdad y el bien, para los falsarios de las finanzas es imperativo que la fealdad infiltre y finalmente mate a la belleza.

AVC: ¿Qué relación tendría el retorno actual con la del Imperio clásico?

ADA: A ver, como creo haber esbozado en preguntas anteriores, la historia se mueve en ciclos, más bien en ciclos como espirales debido a lo que, en efecto, siempre regresamos a algún punto en el pasado, pero no exactamente al mismo punto, por lo que dos periodos históricos dados pueden parecerse, sobre todo en esencia, pero nunca serían los mismos.

Así se atribuye a Heráclito de Éfeso haber dicho aquello de que nadie puede bañarse dos veces en el mismo río porque ni el río ni la persona serían los mismos, con lo que aparentemente se opone a Parménides que pensaba que el cambio es imposible, pues todo es uno y definitivo. Bien, hablo de aparente oposición porque como dice Heráclito tanto el río como la persona habrían cambiado, en lo externo, pero según Parménides seguirían siendo los mismos, en esencia, por lo que estaríamos entonces ante una mutabilidad inmutable, ante un fluir en diferentes formas pero en una misma alma en la eternidad, distintos cauces y cuerpos pero una misma alma que, dicho sea, habría también cambiado, evolucionado quizá, sin dejar de ser la misma.

De suerte que el Imperio del presente, que emerja en el presente, tendría la esencia del Imperio clásico pero no su forma, el alma pero no el cuerpo, probablemente ni siquiera los métodos para imponerse, expandirse y mantenerse, por lo que habríamos regresado –o avanzado según se mire– a un punto en la espiral del tiempo histórico pero no necesariamente al mismo punto. De suerte que sería más apropiado hablar de la idea imperial, de un retorno de la idea imperial. De hecho para pensadores como Julius Evola y Alain de Benoist, a los que humildemente me sumo, el Imperio no es principalmente un territorio, sino esencialmente una idea o un principio.

Como ya he intentado explicar antes, el poder está determinado no por factores materiales o por la posesión de una extensión geográfica más o menos grande, sino por una idea espiritual que encarna como idea jurídica. Para Evola el Imperio no debe ser confundido con los reinos y naciones que lo componen pues resulta cualitativamente diferente, anterior y superior, en principio, a cada uno de ellos, que a su vez, estimo yo, estarían determinados por sus propios espíritus supeditados al espíritu que encarna el Imperio. Por lo que, contrario a lo que el común cree, el Imperio no se impone por la fuerza, o no necesariamente por la fuerza.

Estima Evola que la antigua noción romana de *Imperium* más que expresar un sistema de hegemonía territorial supranacional –lo cual desgraciadamente sí vemos en el imperialismo financiero (inglés o estadounidense)–, designa la pura potencia del mando, la fuerza casi mística de la *auctoritas*. En la Edad Media, por ejemplo, se distinguía entre la noción de *auctoritas*, superioridad moral y espiritual, y el pueril poder público, político, ejercido por medios legales, semilegales o coercitivos.

Por tanto resumiendo, respondiendo a tu pregunta, pienso que el Imperio del presente estaría relacionado con el Imperio clásico por una idea, por una esencia, por la noción de *auctoritas* que emana de la superioridad moral y espiritual.

AVC: Según usted, ¿cómo quedaría repartido el mundo con base en la nueva geopolítica imperial?

ADA: Determinar espacios geográficos para los próximos imperios sería aventurado puesto que el Imperio, aunque tiene un espacio geográfico no es precisamente el espacio, o no es el espacio lo que determina en él.

Digamos que el Imperio tiene un espacio, pero lo supera.

Del mismo modo también el alma del hombre aunque tiene un cuerpo físico no es precisamente el cuerpo, o no es el cuerpo lo que determina en ella.

Digamos que el alma tiene un cuerpo, pero lo supera.

El Imperio es entonces un espacio espiritual, vital, más que un espacio geográfico. Por tanto, lo que hace a un Imperio no es su tamaño, de suerte que un Imperio podría ser pequeño en comparación con una nación moderna, o nación-estado, y no por pequeño deja de ser Imperio, así como la nación moderna, o nación-estado, no se convierte nunca en Imperio por mucho que se expanda, porque su crecimiento es material, mecánico, artificial y sin alma.

Por ello es preferible hablar de la idea imperial antes que de Imperio.

El filósofo francés y fundador de la Nueva Derecha, Alain de Benoist, afirma en ese sentido que la unidad del *Imperio no es una unidad mecánica, sino una unidad compuesta, orgánica, que excede a los Estados. En la medida misma en que encarna un principio, el Imperio no concibe unidad sino a nivel del mismo. Mientras que la nación engendra su propia cultura o se apoya en ella para formarse, él engloba varias culturas. Mientras que la nación busca hacer corresponder al pueblo y al Estado, él asocia pueblos diferentes. En otros términos, el principio mismo del Imperio atiende a conciliar lo uno y lo múltiple, lo particular y lo universal.*

Contrariamente a lo que afirma el adoctrinamiento democrático, la propaganda machacona que los tontos se tragan, el Imperio se sostiene en un principio de autonomía y respeto a la diversidad. Creo que un ejemplo palpable de eso lo tuvimos en el Imperio español y antes en el Imperio romano, sobre todo en este último donde, a diferencia del español, ni siquiera se imponía a los pueblos un credo religioso sino que al contrario, muchas de las divinidades de esos pueblos pasaban con pertinencia a formar parte del panteón romano.

De Benoist conviene que el Imperio busca *"unificar en un nivel superior, sin suprimir la diversidad de las culturas, de las etnias y de los pueblos. Es un todo donde las partes son más autónomas cuanto lo que las une es más sólido. Las partes que lo constituyen subsisten como partes orgánicas diferenciadas. El Imperio se apoya por ello más en los pueblos que en el Estado; busca asociarlos a una comunidad de destino sin reducirlos a lo idéntico. Es la imagen clásica de la univérsitas, por oposición a la societas unitaria y centralizada del reinado nacional"*.

Como he escrito otras veces, el fenómeno mismo del totalitarismo –donde el fanatismo de los iluministas pretende esclavizar no ya el cuerpo sino el alma– sería un fenómeno de la modernidad, del Estado moderno que se identifica, o usa la coacción propagandístico-policiaca para que se le identifique con la nación, de modo que si vas contra el Estado vas contra la nación que se supone sagrada, y de hecho lo fue, pero que ya no sería más que un mero contrato corporativo. Por lo que entonces obligarán al pueblo a adorar y, en consecuencia, a morir y matar por un aparato burocrático-bancario que se ha dotado de un himno, un escudo y una bandera, aparentando así la misma sacralidad que ese mismo aparato, o sus operadores, ha pretendido matar a como dé lugar al menos desde la Paz de Westfalia para acá, pero aún desde mucho antes, y lo obligarán porque nadie, que no sea coaccionado física o ideológicamente querría en sus cabales adorar, morir o matar por una sacralidad que además de falsa es fea.

¡Nada más feo que la burocracia estatal, estatal como estalinista!

Eso explicaría el por qué muchos jóvenes anticomunistas, nacidos en el periodo del castrismo, fuésemos originalmente contra la nación, una nación acaparada, aherrojada, como todas las naciones modernas, por el Estado, con el agravante en este caso de ser un Estado comunista, summum de la modernidad, donde el acaparamiento y el aherrojamiento de lo nacional era total; totalitarismo.

Obscuramente intuíamos así que esa era una nación de pacotilla, una nación que nos vendían empaquetada en el periódico Granma unos tipos que eran, ¡ay!, comunistas al fin, internacionalistas y antinacionales.

¿Le ibas a pedir a esa juventud –de la que orgullosamente formé parte– que fuera a morir y a matar a las guerras del África?

¿A morir y matar por esa corporación de piratas?

¿A morir y matar por una nación encarnada en la jeta fea de Fidel Castro?

Por supuesto, después uno va entendiendo que la nación es otra cosa, que la nación es anterior y superior al castrismo, aún más, que la nación es anterior y superior a la independencia, que en el sentido sacral somos una nación del Imperio español.

Y, ¿sabes cuándo entendí eso?

Lo vine a entender mucho después cuando vi que había muchos otros que, habiendo sido en su mayoría castristas hasta la médula, eran ahora anticastristas rentados por el Deep State norteamericano al servicio del globalismo, es decir, internacionalismo, y que arremetían contra la nación con idéntico fervor con que antes la defendían, defendía como nación-castrista.

¡Entre falsearios y fanfarrones andamos!

Los comunistas cubanos, que en tanto comunistas no creen en la nación y están al servicio del globalismo, se inventan una nación a la medida que suplantará a la nación real y obligan aun, por los métodos que sean necesarios, a reverenciarla como si fuese real. Los globalistas que los pusieron en el poder en 1959 y los mantienen ahí hasta el presente, les fabrican entonces una oposición, tan falsa como el nacionalismo castrista, que tiene como premisa en muchos casos atacar con más fiereza a la nación que al régimen que la usurpa, sino es que se declaran abiertamente antinacionalistas; argumentando tonterías como que el castrismo es una consecuencia no de los castristas sino de la nación, o peor, de la tradición española que parió a la nación.

El panorama así, visto desprejuiciadamente, es de lo más interesante. Por un lado los castro-comunistas que dicen ser la nación cuando en realidad sólo controlan a la nación, a los nacionales, al servicio del globalismo. Por otro lado está esa oposición, oposición como una suposición, que arremete contra la nación al servicio también de los globalistas. Y como era de esperar, por encima de ambos grupos, los globalistas que los crearon, los mantienen y claro, los controlan.

Ni a los castristas se les permite eliminar a la oposición. Ni a la oposición se le permite poner en peligro al castrismo.

Por eso el anticastrismo real tiene por enemigos, a cuál más peligroso, tanto a los servicios de inteligencia de Cuba como a los de EE.UU. Pero, no sólo los servicios de inteligencia, que muy inteligentes no son, sino a los medios de propaganda de ambos estados corporativos. Pregúntale sino a Virgilio Paz Romero, Guillermo Novo Sampoll, Pedro Remón, Dionisio Suárez o a cualquier miembro del Movimiento Nacionalista Cubano.

Así, mediante esos juegos de espejos, es que funciona la dictadura democrático-liberal-bancario-comunista que se impone al mundo a partir de la Revolución francesa, creando una cosa y su contraria, así, la derecha y la izquierda, la guerra y la paz, la enfermedad y su cura, el problema y su solución.

Frente a esa falsa unidad de los contrarios, unidad de los contrarios para controlarlos desde arriba, el escritor y crítico cultural alemán Moeller van den Bruck ubicaba al Imperio bajo el signo de la auténtica unidad de los contrarios. Julius Evola por su parte definía al Imperio como una *organización supranacional tal que la unidad no actúa en el sentido de una destrucción y una nivelación de la multiplicidad étnica y cultural que engloba*. El principio imperial, agregaba, *es el que permite remontar la multi-plicidad de los diversos elementos hasta un principio a la vez superior y anterior a su diferenciación, la cual procede únicamente de la realidad sensible. Se trata, entonces, no de abolir la diferencia sino de integrarla.*

Durante el apogeo del Imperio romano, Roma sería, así, ante todo una idea, un principio, que permite reunir pueblos diferentes sin convertirlos ni suprimirlos. De Benoist nos explica, respecto a Roma, algo que también apreció el estudioso rumano de religiones comparadas Mircea Eliade, en otras culturas tradicionales, y es que el principio del *Impérium*, que se encuentra ya en la Roma republicana, refleja la voluntad de realizar en la tierra un orden cósmico siempre amenazado.

Como ya he dicho, y me confirma de Benoist, el Imperio romano no exige dioses celosos. *Admite pues las otras divinidades, conocidas o no, y lo mismo ocurre en el orden político. El Imperio acepta los cultos extranjeros y la diversidad de códigos jurídicos. Todo pueblo es libre de organizar su ciudad según su concepción tradicional del derecho… sólo prevé relaciones entre individuos de pueblos diferentes o relaciones entre ciudades. Se es ciudadano romano (civis romanus sum) sin abandonar la propia nacionalidad.*

En ese sentido no serían imperios propiamente el III Reich de Adolfo Hitler, el imperialismo británico y mucho menos el imperialismo norteamericano o el soviético. El imperialismo norteamericano y el soviético son en esencia similares, aunque diverjan en los métodos, materialistas ambos, uno pretende convertir al mundo entero en un sistema homogéneo de consumo material y prácticas tecno-económicas, y el otro pretendió, y lo pretenden aún sus metástasis en Cuba, Nicaragua y Venezuela, y ahora mismo en EE.UU, convertir al mundo entero en un sistema homogéneo sin consumo y sin prácticas tecno-económicas, es decir, materialismo miserable; ambos maquinarias sin alma, con muchas armas.

Afirma Evola que si las pasadas tentativas imperialistas han fracasado –cosa que tarde o temprano ocurrirá con EE.UU. y que algunos, quizá con optimismo, perciben a la vuelta de la esquina–, precipitando con frecuencia los pueblos a la ruina, la causa es precisamente por la ausencia de todo elemento verdaderamente espiritual en esas empresas. *Si un imperio no es sagrado, no es un imperio, sino una suerte de cáncer que ataca el conjunto de las funciones distintivas de un organismo viviente*, concluye el autor de *Revuelta contra el mundo moderno*.

Como te he comentado en diálogos anteriores, estamos ciertamente abocados a un cambio de Época y, al respecto, lo único que parece ahora estar en discusión es si ese cambio lo llevarán a cabo los globalistas de siempre o los antiglobalistas rebeldes. Al respecto de Benoist escribe que se *habla hoy mucho de nuevo orden mundial. Y es cierto que un nuevo orden mundial es necesario. Pero, ¿bajo qué divisa se lo hará? ¿La del hombre máquina, la del ordinántropo, o bajo el signo de una organización diversificada de pueblos vivientes? La Tierra, ¿será reducida a lo homogéneo bajo el efecto de modos aculturantes y despersonalizantes, de los cuales el imperialismo norteamericano es hoy día el vector más cínico y arrogante? ¿O bien los pueblos encontrarán en sus creencias, tradiciones y maneras de concebir el mundo, los medios de resistencia necesaria? Es ésta la cuestión decisiva que se plantea a las puertas del tercer milenio… Quien dice Imperio dice idea imperial. No vemos asomar tal idea en ninguna parte. Y, sin embargo, ella se inscribe en el secreto de la historia. Por el momento, no es más que una idea que no ha encontrado su forma, pero tiene un pasado y, por consecuencia, un porvenir. Debemos tomar nota de esto.*

Entonces, en base a lo expuesto, intentaré aventurar algunos espacios donde podrían manifestarse los nuevos imperios. Es plausible así que los nuevos imperios emerjan donde ya los hubo en el pasado, porque esos son espacios en los que pervive aún el espíritu imperial, porque lo que fue, será, no muere, porque el espíritu no muere, muere el cuerpo, las antiguas estructuras, pero el alma imperial pervive a la espera de mejores ocasiones, y las ocasiones son ahora tan óptimas como en el momento en que surgieron los imperios del pasado, fragmentación, guerras fratricidas, caos, epidemias, devaluación de la vida, crisis moral.

Rusia así, actúa ya como Imperio. Europa oriental hará otro tanto. Europa occidental puede –y de hecho ya lo es de una manera degenerada mediante la Unión Europea– convertirse en Imperio. México, por supuesto, con su antecedente imperial azteca y su antecedente posterior del emperador Maximiliano (1864-1867).

De 1822 a 1889 existió el Imperio de Brasil. La vocación imperial española no ha muerto a pesar de los pesares, de hecho tiene su expresión aún en las Islas Canarias y el norte de África, así como en el Movimiento de Reunificación de Puerto Rico con España (MRE) que busca integrarse como la Comunidad Autónoma número 18 y la asociación Autonomía Concertada para Cuba (ACC), que defiende la unión del archipiélago con la península en condiciones de igualdad con el resto de los territorios.

Permítame intercalar una pregunta específica sobre Cuba, sobre la relación Cuba-EE.UU., para continuar después con el apasionante tema de la idea imperial ¿De sus palabras en la respuesta anterior podríamos deducir la existencia de cierto contubernio entre el régimen comunista cubano y la democracia americana?

¿De verdad nos creímos el cuento de que la primera potencia del mundo ha tenido por 63 años a su más grande enemigo aposentado en el traspatio? ¿O nos creímos el otro cuento, aún más inverosímil, de que tras la Segunda Guerra Mundial esa misma potencia entregó media Europa, así sin más, a su más grande enemigo, acción a resultas de la cual ese enemigo vino a aposentarse a poco en la isla caribeña? ¿O el otro cuento de que por casualidad, sólo por casualidad, los cargamentos de armas enviados por la CIA no caían casi nunca en manos de los hombres del comandante Osvaldo Ramírez durante la sublevación campesina de los sesenta en el Escambray sino en manos de las milicias castristas?

¿Eran enemigos reales?

¿O eran enemigos reales manejados por el mismo amo apoltronado en la bóveda de un banco como sustituto del trono reventado allá por 1789?

La Guerra del Escambray sería no sólo larga sino feroz, además de desigual –librada entre bandas de campesinos mal armados y una fuerza militar capaz de vérselas con cualquiera de los ejércitos de este Hemisferio al sur del Río Bravo– y desconocida de todos en todas partes, incluyendo la mayoría de los isleños. Tiempo atrás un cubano –que ahora alardea de anticastrista como antes alardeaba de castrista– me aseguraba tan fresco como un lechugón y con la inquebrantable certidumbre de su ignorancia, en relación con las protestas antigubernamentales en Venezuela: *¡los cubanos nunca nos rebelamos así, por eso ellos saldrán pronto del chavismo, por eso nosotros tenemos castrismo!* Le respondí imperturbable que nosotros en su momento nos rebelamos más y mejor y que, por tanto, era presumible que el chavismo se extendiera tanto o más que el castrismo; excepto que hubiese una intervención armada estadounidense.

Años después el chavismo sigue gozando de buena salud con ayuda no ya de Maduro sino también de Guaidó.

Debemos decir que la contienda del Escambray en la isla duró desde el mismo 1959 hasta 1966, siete años de guerra entre guerrillas campesinas y una sofisticada maquinaria militar; sitieros de honor contra soldados al servicio de un sofisticado sistema internacional con armas pero sin alma. Desprovistos de suministros, acosados, vilipendiados, vendidos por los que debían ser sus aliados exteriores en la lucha contra el comunismo, murieron y mataron ante la indiferencia, la complicidad o el odio del mundo frente a unas bien armadas y entrenadas huestes enemigas; los montañeses fueron así finalmente derrotados pese a la furia y el heroísmo con que combatieron.

Poco se ha documentado sobre esta etapa de la historia de Cuba. Las guerras por la independencia de la isla fueron exhaustivamente documentadas. Cerca de quinientos años atrás la Conquista de América fue exhaustivamente documentada. ¿Qué pasó pues con la libertad de información en la supra modernidad financiera?

La guerra de los sitieros isleños contra el comunismo abarcó las seis provincias de Cuba y fue la campaña militar más grande desarrollada en la isla desde 1898. Olvídense de la folclórica revolución castrista, esa fue más que nada una contienda mediática, mayormente en *Life* y *The New York Times* y después en la revista Bohemia.

¿Recodamos aquello de Castro bautizado como el Robin Hood cubano en tanto aparecía retratado con su fusil de mira telescópica en el periódico presuntamente más imparcial del mundo?

¿Recordamos a Herbert Matthews dejándose engañar para a su vez engañar al mundo sobre la verdadera dimensión de las huestes castristas en la Sierra Maestra en su amañado y famoso reportaje para el *Times*?

¿Quiénes eran los dueños de *Life* y *The New York Times*?

¿No se nos ocurre pensar que pudieron ser los mismos dueños de Castro que luego, a la vuelta de unos meses, fueron los dueños de Cuba?

¿Por ventura los mismos dueños de aquella CIA que mandó a desembarcar a la Brigada 2506, de heroicos exiliados cubanos, no por Trinidad –literalmente al cantío de un gallo de las fuerzas alzadas en el Escambray con la que hubiesen conformado un frente de guerra probablemente imbatible–, como original y certeramente estuvo planeado, sino por una apartada y perdida playa a unos 200 kilómetros del Escambray y, venga Dios y lo vea, con un insondable pantano preñado de cocodrilos de por medio?

¿Los mismos dueños de aquella CIA que enviaba los cargamentos de armas de modo que caían en manos de los milicianos a las órdenes de Castro y no de los campesinos a las órdenes del jefe guerrillero Osvaldo Ramírez?

¿Será por eso que Osvaldo Ramírez nunca apareció en portada de *The New York Times*?

¿Será por eso que *The New York Times*, tan imparcial, escribió más de una docena de editoriales a favor de las infaustas relaciones entre Barack Hussein Obama y Raúl Castro?

Pero, vayamos más atrás en el tiempo.

El libro de Alberto Lamar Schweyer *Cómo cayó el presidente Machado: una página oscura de la diplomacia norteamericana*, publicado originalmente por Espasa-Calpe, en 1934, y reeditado por Exodus, en 2020, es un texto-testimonio fundamental para entender la historia de Cuba por al menos los últimos noventa años.

Contrariamente a lo que se nos ha asegurado por parte de la historiografía al uso en Cuba y en el exilio, y coincidiendo con Lydia Cabrera, Gastón Baquero y Orestes Ferrara, estimo que la Revolución del 33 es uno de los acontecimientos más funestos de la historia isleña, al punto que puede apuntarse que con la caída del general Gerardo Machado se desencadenan los problemas sin solución en la isla para recalar en las miasmas marxistas de 1959. Así la Revolución del 33 es un antecedente directo de la revolución castrista. Suele oírse el lugar común, repetido hasta la saciedad, de que sin Batista no hay Castro. Pero lo cierto pareciera ser que sin el 33 no hay Batista; ni tampoco Fidel. Hasta el 33 prevaleció la República de los hombres de la independencia, la soñada por Martí, Maceo, Gómez, Céspedes, Agramonte, Francisco Vicente Aguilera y tantos otros. Es el periodo en que Cuba empieza a sedimentar una elite –después que la elite nacional hubiese sido escabechinada durante treinta años de guerra contra España– y a erigir grandes obras arquitectónicas como el Capitolio Nacional y la Carretera Central.

Pero después del 33 empieza la República de los revolucionarios, sin apego a la ley y con la voluntad de gobernar a punta de metralleta. A partir de ese momento tenemos una República que se aleja de lo constitucional y apuesta decididamente por lo social; por una democracia social. La misma Constitución que se dieron los cubanos en 1940, tan cantada aún, es un ejemplo de cuán hondo habían calado en el imaginario nacional las reivindicaciones revolucionarias y sociales. Es un periodo de mucha inestabilidad política, de mucha violencia, de grupos gansteriles dirimiendo las querellas revolucionarias a tiro limpio en las calles, de la inauguración del terrorismo en la isla, del terrorismo a gran escala como método de lucha válido para alcanzar el poder.

En *Cómo cayó el presidente Machado* se lee: *Se mataba y se moría exactamente como entre los gánsteres de Chicago y con las mismas ametralladoras "Thompson". Además, los jóvenes terroristas cubanos introdujeron un arma nueva y terrible: la escopeta de caza con el cañón recortado y cargada de balas de diversos tamaños. Con este equipo y con bombas de dinamita, por ellos mismos confeccionadas, se lanzaron a batir a Machado. No murió Machado, que estaba en Palacio o en su finca, pero, en cambio, murieron numerosas personas.*

Y continúa el escritor: *Esto debió haber creado en la opinión pública un movimiento de repulsa hacia el sistema. Posiblemente, en el fondo de la conciencia ciudadana existió ese movimiento, pero nadie se atrevió a manifestarlo. Era extremadamente peligroso ir contra la opinión de aquella muchachada armada en guerra. Los estudiantes habían llegado a la conclusión de que su inexperiencia y su mocedad eran intangibles y que el error era sagrado por ser de ellos. Defendían a sangre y fuego sus teorías políticas y aunque muchos ignoraban quién fue Cromwelllo remedaban en su firmeza de criterio, si bien no en otras cualidades que él tuvo y de las que ellos carecían.*

Rubén Martínez Villena –poeta comunista admirador de Stalin– bautizó a Machado como el Asno con Garras, pero en La Habana, *un niño de cuatro años fue destrozado por una bomba cuando paseaba con su madre. Fue el día de Jueves Santo de 1933 y la bomba iba destinada al Dr.Orestes Ferrara, secretario de Estado. Ese mismo día de Jueves Santo hicieron explosión en La Habana, en el espacio de dos horas, más de treinta bombas. Algunas fueron puestas en las iglesias, y en la del Santo Ángel, junto al Palacio Presidencial, hizo explosión una de ellas;* nos cuenta Lamar Schweyer en su libro.

Estos grupos parecían estar convencidos de que la República no era la de Martí y de que ellos, por decreto histórico, eran los elegidos para cumplirle el sueño a Martí. Ellos sólo cumplían el mandato martiano.

Contaba Baquero que con la caída de Machado la Universidad de la Habana cae al punto de no recuperase nunca más, pues las cátedras no fueron ocupadas teniendo en cuenta el aval académico sino el aval revolucionario. De modo que la degradación de la enseñanza universitaria en Cuba no la empieza Castro sino los revolucionarios del 33, Castro es más bien un producto de esa degradación. En consecuencia, el hombre nuevo en Cuba es bastante viejo, no lo inventa Castro, Castro mismo es un espécimen de hombre nuevo. En entrevista con la escritora Nedda G. de Anhalt para el libro *Dile que pienso en ella,* el poeta de *Testamento del pez* dice: *La Universidad de La Habana era una de las mejores de América. Se eclipsó con la caída de Machado (…) A Cuba se le rompió la columna vertebral con esa caída y nunca más pudo marchar el país.*

Pero tan importante como el declive de la universidad a manos del revolucionarismo –al punto de que Castro no inventa aquella aberración de *la Universidad es para los revolucionarios,* pues ya desde 1933 las cátedras universitarias eran ocupadas en la isla no por los intelectualmente más dotados sino por los más revolucionarios– fue el declive del Ejército de la República que como consecuencia directa de la caída del presidente y general independentista se convirtió poco a poco en un Ejército de revolucionarios donde, como en el caso de Fulgencio Batista, se podía pasar de la noche a la mañana de sargento a coronel sin haber estado no ya en una academia militar sino sin ganar, o siquiera participar, en una batalla.

Asegura Lamar Schweyer en su libro que Machado garantizaba el orden en la isla a pesar del terrorismo desatado en su contra y que por la fuerza era inamovible: *Hacía falta algo más. ¿Qué podía hacerse? En revolución armada nadie osaba pensar. Machado estaba más fuerte que nunca. Tenía tras sí el ejército mejor organizado de Latinoamérica. Ese Ejército no se mezclaba en política.* Y eso que hacía falta, según nos lo presenta el autor, no fue otro que el embajador estadounidense Benjamín Summer Welles que, lejos de mediar como se ha dicho, no hizo otra cosa que socavar los intentos de Machado y su Gobierno por sostener el orden y una salida honorable, aún a costa de abandonar el poder y dejarlo en manos del general Alberto Herrera –respetado entre los militares y los civiles– y apostar por los chicos de las ametralladoras y las escopetas recortadas. Por cierto, situación que se repite con Batista en 1958 cuando el Departamento de Estado no acepta otra salida para Cuba que no fuese la de Castro y sus muchachos armados en la Sierra Maestra; por si las dudas ver el libro *El Cuarto Piso*, 1962, del embajador estadounidense Earl E. T. Smith.

Y de un Ejército y una Policía profesionales en la primera República, pasamos a un Ejército y a una Policía compuesta por revolucionarios en la segunda. De manera que lo que ocurre a finales de los cincuenta en Cuba no es más que una revuelta de revolucionarios que querían el poder contra revolucionarios ya establecidos en el poder. Batista mismo no es otra cosa que un revolucionario. Castro y sus guerrilleros jamás hubiesen vencido al Ejército profesional de la Primera República, uno que había peleado y se había fogueado, formado en una guerra real, no en escaramuzas como las libradas en la Sierra comparables, si acaso, al asalto de un bar en Chicago en los tiempos de Al Capone.

El folclor y el furor de los barbudos castristas no hubiesen aguantado un *raund* a las letales tropas del general José Miguel Gómez; más prusiano que cubano en cuanto a su formación militar. Es más, ese triunfo hubiese ocurrido aun en el hipotético caso de que ambos ejércitos se enfrentasen cada uno con las armas de su tiempo, es decir, con armas anteriores a la Primera Guerra Mundial, los miguelistas, y con armas posteriores a la Segunda Guerra Mundial, los castristas.

Con la Revolución del 33 se rompe el equilibrio entre el pensamiento de izquierdas y el de derechas, y viene a primar el de izquierdas; sin conciencia cabal de ello. Al punto que las lides electorales en la isla a partir de ese momento se dan entre la izquierda y la izquierda. El supuesto ogro de la derecha isleña, Fulgencio Batista y Záldivar, no sería más que un socialdemócrata radical. Ese desbalance, escoramiento ideológico a la izquierda, está entre los elementos que nos llevan directamente a la dictadura de Castro.

No sería así descabellado afirmar que la Revolución del 33 culmina exitosamente en 1959 (a pesar del interregno de la Constitución de 1940 y los muy democráticos gobiernos auténticos de Grau y Prío). Es algo que sin dudas merece más estudios, pero por ahora el análisis desapasionado apunta a esa hipótesis.

Castro recoge los frutos de lo que se había iniciado en el 33. De la República nacionalista pasamos rápidamente a la República social, primero, y a la socialista después. De modo que Machado (1869-1939), como anticipo del destino de muchos cubanos debido a esa infausta fractura, descansa aún hoy en el Cementerio Norte de Woodlawn, en Miami. La lectura del libro de Alberto Lamar Schweyer –lúcido testigo de los acontecimientos que cuenta– sería imprescindible para comprender cómo es que comenzó a caer la noche en Cuba, como comenzó a imponerse el comunismo en la isla y desde dónde se le impuso.

Machado era un nacionalista. Batista termina también siendo un nacionalista y, como Napoleón a la Revolución francesa, intentó dar el tiro de gracia a la Revolución cubana de la cual, como Napoleón de la francesa, era producto. Bajo Machado y Batista la isla llegó a su máximo esplendor como nación al punto de que alguien tan amigo del castrismo como fue el escritor Gabriel García Márquez se atrevió a decir que la Cuba republicana era la meca cultural para la juventud de América Latina de su época.

Batista y Machado fueron defenestrados por el internacionalismo financiero que manda en Washington.

Comparemos la entelequia de embargo económico estadounidense contra el castrismo con el irrestricto embargo de armas estadounidense contra Batista. Comparemos la feroz retórica y la eficaz práctica del Departamento de Estado contra Batista con la tontorrona retórica y la ineficaz práctica del Departamento de Estado contra Castro. Esa comparación nos dará idea de quién o qué quiere Washington en el poder de la isla.

He estudiado bastante la tan cacareadamente atacada Enmienda Platt. Tras el Tratado de París en 1899, y mientras Cuba en 1901 elaboraba su 1ª Constitución, el Senado de Estados Unidos vota la famosa enmienda que fue incluida en la Constitución cubana. Misma que tenía tres puntos importantes: la cesión de terrenos para el establecimiento de bases militares estadounidenses en suelo cubano, la prohibición al Gobierno de Cuba para firmar tratados o contraer préstamos con poderes extranjeros que pudieran menoscabar la independencia de Cuba ni en manera alguna obtener por colonización o para propósitos militares asiento o control sobre ninguna porción de la isla, y el derecho que se daba a Estados Unidos para intervenir con sus Fuerzas Armadas en Cuba con vista a proteger *las vidas, las propiedades o las libertades individuales*.

Así a pesar del histerismo, sentimentalismo patriotero contra la Enmienda Platt, lo cierto es que, de haberse mantenido con el objetivo para lo que fue creada, en

Cuba nunca hubiese habido comunismo en el poder. He pensado mucho en ello y decirlo me ha ganado enemigos en este exilio que, como creo haber mostrado en textos anteriores es esencialmente de izquierdas –o lo que sea esa cosa que la derecha dice combatir–. Justo por esa razón que menciono arriba es que fue abolida la Enmienda Platt y justo por ello aún hoy es estigmatizada por algunas de las víctimas más grandes de su derogación, es decir, algunos exiliados cubanos anticomunistas que no han podido escapar a la propaganda inducida que se impone desde varias frentes bajo caretas académicas o diplomáticas. No por gusto en el ataque a la Enmienda Platt coinciden el falso nacionalismo castrista y el falso nacionalismo anticastrista, de nuevo y viejo pelaje. Al final ambos, consciente o inconscientemente, responden al poder internacionalista mundial, sea financiero o supuestamente proletario, pero siempre internacionalista.

Ahora te diré algo que recién acabo de creer haber entendido tras mucho meditar y es que, más allá de las apariencias, Cuba nunca estuvo más a merced del poder estadounidense que después de la abolición de esa Enmienda Platt.

Me explico.

Antes de la abolición de la Enmienda Platt en 1934 ese poder era poco político y mayormente militar, pero era en la intención real de garantizar las libertades en la isla tal cual la misma enmienda se encargaba de proclamar porque, tras la independencia, parece ser que los cubanos no dábamos muchas muestras de madurez para un gobierno sin cierto tutelaje. Después de la abolición ese poder norteño dejó cada vez más de ser militar para comenzar a ser político, y lo peor, ideológico, y tan político e ideológico fue que por esa vía nos impusieron el comunismo tras esa larga revolución que va desde la caída de Machado en 1933 a la caída de Batista en 1959. Cuba así, más allá de la retórica, nunca ha estado más supeditada a Washington, a los financistas que controlan Washington, que durante los últimos 63 años de dictadura comunista. La Enmienda Platt fue abolida para sojuzgar a Cuba de modo absoluto sin que pareciera que se le sojuzgaba, es más, de modo que Cuba pareciera un país antimperialista no ya con Castro sino desde antes con los gobiernos Auténticos de Grau San Martín y Prío Socarrás, *modus operandi* típico del poder torticero que se impone al mundo con la modernidad; del juego de espejos democráticos que he señalado antes. Curiosamente, la caída de Machado –esfuerzo hacía la ofensiva final para la implantación del comunismo en Cuba–, 12 de agosto de 1933, ocurre tan sólo cuatro meses después de que arribara al poder en Estados Unidos el Gobierno socialista de Franklin Delano Roosevelt, 4 de marzo de 1933. A partir de Roosevelt ganara quien ganara las elecciones en EE.UU. –sea republicano sea demócrata– van a ganar siempre los mismos, los de la mafia usurero-sociata que serían el poder detrás del poder y, valga decir, los presidentes que se han opuesto a ese vil vasallaje la han pasado muy mal, mira sino a Trump, por no hablar de los que antes han sufrido magnicidio o atentado.

No es que esa mafia no ejerciera poder en Estados Unidos antes de 1933, lo ha ejercido siempre, pero a partir de esa fecha ese poder es total, con métodos y discursos diferentes, pero en esencia similar al totalitarismo marxista que no por gusto, como ya hemos apuntado, comunismo y capitalismo son las dos alas del mismo pajarraco matrero y materialista.

En este junio de 2022 durante una conversación con los directores de las revistas culturales europeas de la Compañía de Jesús, Su Santidad el Papa Francisco, que no es santo y menos santo de mi devoción, ha sido sin embargo lúcido al responder sobre la guerra entre Rusia y Ucrania: *hay que alejarse del patrón normal de que Caperucita Roja era buena y el lobo era malo. Está surgiendo algo global, con elementos muy entrelazados*, y citó la opinión de un Jefe de Estado que conoció antes del comienzo de la guerra quien le expresó su preocupación *por cómo se estaba moviendo la OTAN.*

Le pregunté por qué y me respondió: Están ladrando a las puertas de Rusia. Y no entienden que los rusos son imperiales y no permiten que ninguna potencia extranjera se les acerque y concluyó diciendo que la situación podría conducir a la guerra. Ese jefe de Estado supo leer las señales de lo que estaba pasando, relató Francisco.

Por supuesto, los medios, antes tan alabanciosos del Papá en sus poses liberales, no tardaron un segundo en saltarle al cuello.

Si Estados Unidos fuese un Imperio, como Rusia, y no un imperialismo financiero como es, en Cuba no se hubiese implantado nunca, y menos permanecido, un régimen comunista porque los imperios, de cierto os digo, no pueden permitirse enemigos ladrando en su espacio vital, vivo; porque lo que está vivo procura permanecer más allá de las urracas y las utopías.

AVC: ¿Qué me dice Ud. entonces de un país como Colombia –dados su gran territorio, posición geo-estratégica en el continente y riqueza de recursos– acorde con la idea imperial?

ADA: Me alegro que me lo recuerde pero debo reiterar, no obstante, que no se trata de territorios, posición geo-estratégica o riqueza de recursos, no se trata de nada de eso, no se trata de nada material, se trata de espacios vitales, valga la redundancia, espacios con espíritu; no de mecánicas metástasis.

En América toda palpita el espíritu. Espíritu peculiar aherrojado en los formatos del materialismo iluminista. Así, el mismo Martí, un iluminista, influido por el iluminismo francés, supo ver más allá de la doctrina, dado que era un espiritualista, y dice lo siguiente en el ensayo *Nuestra América*, de 1891.

La incapacidad no está en el país naciente, que pide formas que se le acomoden y grandeza útil, sino en los que quieren regir pueblos originales, de composición singular y violenta, con leyes heredadas de cuatro siglos de práctica libre en los Estados Unidos, de diecinueve siglos de monarquía en Francia. Con un decreto de Hamilton no se le para la pechada al potro del llanero… El espíritu del gobierno ha de ser el del país. La forma de gobierno ha de avenirse a la constitución propia del país. El gobierno no es más que el equilibrio de los elementos naturales del país.

Para añadir más adelante que *el problema de la independencia no era el cambio de formas, sino el cambio de espíritu… y recalca que (…) del Bravo a Magallanes, sentado en el lomo del cóndor, regó el Gran Semí, por las naciones románticas del continente y por las islas dolorosas del mar, la semilla de la América nueva!* Por cierto, Callejas, no puedo dejar de mencionar en ese contexto del Espíritu, del Gran Semí, el estudio que hicieras sobre la región histórica del Cauto, que fructificó en la obra *Cuba genealogía del espíritu nacionalista: el mito Bayam,* pues hay ahí, en el Cauto, un espacio vital, un espacio para la idea imperial, ¡no importa qué pequeño pueda parecer ese espacio en comparación con todo el territorio insular, o los territorios continentales!, no importa si cuaja o no esa idea, es una idea latente, un dinamo regional y a la vez un dinamo nacional… Lo absurdo, siguiendo el discurrir martiano, sería mantener, apresar por siempre las aguas del Cauto no en su cauce original, sacro, sino en el cauce seco, artificial del socialismo, sea totalitario, sea democrático, esencialmente la misma artificialidad, el mismo error; horror de la modernidad cernida sobre el Cauto.

Así el escritor cubano Alberto Lamar Schweyer en su libro *Biología de la Democracia,* reeditado por la editorial Exodus en 2017, sostiene la tesis de la inviabilidad de la democracia en América del Sur, lo que estaría determinado por el problema racial o, más exactamente, por el mestizaje racial del blanco, el negro y el indio a duras penas convivientes en un espacio dado por la única razón de la fuerza. Lo que propiciaría la impreparación, el desorden y la desorientación política provenientes de los estadios tribales trasplantados arbitrariamente de allende los mares u oriundos del continente y sometidos por la violencia, en un escenario de inconmensurables e inhóspitas extensiones geográficas que compelen más al descendimiento moral y la anarquía que al ascenso moral y al orden, medio bárbaro del que prestos se aprovecharan los más aptos para devenir caciques, caudillos y finalmente tiranos de toda laya que, con el tiempo, desparecerán del entorno para dar paso a regímenes de democracias formales en que, ya sin el dictador, permanecerán las dictaduras dentro de las que se seguirán manifestando los mismos impulsos ancestrales de cada etnia, en la conformación de lo que el filósofo español José Ortega y Gasset denominó *compartimentos estancos*, en su análisis de los prolegómenos que darían paso en su país a la Guerra Civil de 1936.

Independencia que, como muestra Lamar Schweyer, pareciera tener origen más en una comedia de enredos divinos que en un histórico plan humano; en verdad algo similar al caso de un Cristóbal Colón que procurando llegar a la India termina descubriendo un Nuevo Mundo; o al de los artistas y pensadores del Renacimiento que procurando regresar a la Edad Antigua terminan arribando a la Edad Moderna.

De suerte que un espíritu menos imperial entre el pueblo americano-español habría paradójicamente impedido la independencia, pues la aceptación de José Bonaparte como rey constitucional y su proclamación como tal en Venezuela es lo que da pie al movimiento popular de oposición al bonapartismo que, años después, cristalizaría en la independencia, lo que se repite en México y simultáneamente con sus diferencias en Buenos Aires.

De modo que la guerra comenzada *en 1810 era ajena a todo principio, no ya democrático sino liberal. La Junta Patriótica de Caracas destituyendo a Emparán… lo hizo en defensa de Fernando VII y en nombre del pueblo, que un año después se declararía independiente de España, pero no de su monarquía. (Biología… pág. 82).*

La diplomacia americana, quince años después de iniciada la revolución, y consumada la emancipación, recorría Europa a la búsqueda de un monarca conveniente, desde el francés *Duque de Orleans… hasta el italiano Duque de Lucca… fueron señalados como candidatos* (Ibidem págs. 84, 85). El fracaso de tales planes se debe sólo a la oposición de un Simón Bolívar al servicio de los intereses británicos; como hemos señalado anteriormente.

Pero ya que mencionas a Colombia, mira, según las obras *Don Francisco de Miranda: el más universal de los americanos,* una biografía del argentino Manuel Gálvez, 1947, y *Preindependencia y emancipación: protagonistas y testimonios,* del venezolano Pedro Grases, 1981, Colombia o Colombeia fue en 1798 un proyecto imperial propuesto por Don Francisco de Miranda.

Actuaba acá Miranda bajo la influencia de sus viajes por el Sacro Imperio Romano Germánico y en prevención de la Independencia de las 13 Colonias pues pensaba que aquel Estado que emergía al norte sería un poder en el Hemisferio y más allá.

Según estimaba Miranda la concreción de su idea imperial en el proyecto Colombia o Colombeia sería un contrapeso efectivo al poder norteño.

Para ello el prócer incluía elementos de la Constitución Monárquica francesa de 1791, del sistema republicano de Estados Unidos y del Imperio Británico; que según nuestra visión no es exactamente un Imperio. Pero, y esto es importante, tomaba sobre todo aspectos del Sacro Imperio Romano Germánico y del Imperio de los Incas.

De suerte que Colombia sería un Imperio de tipo federal que abarcaría desde el río Misisipi al norte hasta Cabo de Hornos al sur.

La capital de este Imperio sería la Ciudad de Panamá.

Miranda terminó desechando el proyecto Colombeia por la imposibilidad de llevarlo a efecto, debido a las constantes rencillas y guerras tribales entre los propios hispanoamericanos, pero sobre todo, pensamos nosotros, por su pretensión de sincretizar elementos antitéticos como serían el sentimentalismo democrático-liberal con la sacralidad imperial. Improcedente pretensión de parar la pechada al potro del llanero con un decreto de Hamilton, señalada por Martí en el citado ensayo, pues si de sincretizar se trataba, más hubiese valido a Miranda sincretizar sustancialidades del Sacro Imperio Romano Germánico con el Imperio de los Incas y desechar, tajar, la impronta de la modernidad anglosajona; imperialista pero no imperial.

～

Armando de Armas (Santa Clara, Cuba, 1958). Ha publicado las novelas *La tabla*, Madrid (2008) y Miami (2020), *Caballeros en el tiempo*, Madrid (2013), *Escapados del paraíso*, Madrid (2017) y *El guardián en la batalla*, Miami (2017), Premio de Narrativa Reinaldo Arenas de ese año. También los libros de relatos *Mala jugada*, Miami (1996) y Nueva York (2012), *Carga de la caballería*, Miami (2006) y *Luces en el cielo*, Miami (2022). Cuentos suyos han sido incluidos en antologías de España, Italia, Francia, República Checa y Alemania. Sus libros de ensayo son *Mitos del antiexilio*, Miami (2007 y 2020), publicado en inglés, Miami (2007) y en italiano, Milán (2008), *Los naipes en el espejo*, Nueva York (2011), Miami (2016) y en inglés, Miami (2020), y *Realismo metafísico: Un texto mistérico acerca de la creación literaria*, Barcelona (2020), Premio Ensayo Ego de Kaska 2020. En 2022 la publicación InfoLibros lo reconoce entre los 15 escritores cubanos de más interés de todos los tiempos y entre los cinco del presente. De Armas fue incluido en el libro de entrevistas y valoraciones sobre vida y obra de pensadores, escritores y artistas –tanto de Occidente como del Oriente–, titulado *Scrittori, artisti, Spirali*, Milán (2009), del académico y escritor italiano Armando Verdiglione. Ha escrito para la revista *Lettre International* de Berlín y en 2018 fue reconocido por el Centro UNESCO de Cultura de Puerto Rico por su excelencia "en una incansable labor cultural manifestada en cada una de sus obras literarias e históricas".

EXODUS

La presente edición de *El regreso de los imperios.*
Diálogos con Armando de Armas
de Armando de Armas y Ángel Velázquez Callejas
se realizó entre Barcelona y Miami
en julio de
2022

E L R E G R E S O D E L O S I M P E R I O S
D I Á L O G O S C O N A R M A N D O D E A R M A S

© Armando de Armas
© Ángel Velázquez Callejas

Imagen de cubierta: *El Sacro Imperio Romano Germánico, incluidos sus miembros*. Xilografía y acuarela sobre papel (1510) de Jost de Negker (1485–1544)

Primera edición: julio de 2022

© De la presente edición: Ediciones Exodus, 2022
    Editor: Ángel Velázquez Callejas
    Dirección de Arte: Roger Castillejo Olán

ISBN: 979-88-40567-60-9